PRÓLOGO

¡Bienvenido/a!

Si estás leyendo esto, es probable que estés considerando ser un agente de bienes raíces o tal vez ya lo seas.

Ya sea que estés empezando o ya tengas experiencia en el campo, ser un agente de bienes raíces es una de las carreras más emocionantes y gratificantes que puedas elegir.

Ser un agente de bienes raíces te brinda la oportunidad de ayudar a las personas a encontrar su hogar ideal y a construir un patrimonio para su futuro.

 También te permite ser tu propio jefe, trabajar en un ambiente dinámico y competitivo, y tener un ingreso potencialmente ilimitado.

Para tener éxito como agente de bienes raíces, es importante ser apasionado, perseverante y estar dispuesto a trabajar arduamente para lograr tus objetivos.

Debes ser una persona orientada a los resultados, enfocada en el cliente y estar dispuesto a adaptarte a un mercado siempre cambiante.

En este campo, no hay una fórmula mágica para el éxito, pero hay algunas habilidades y características que pueden ayudarte a llegar allí.

Una de ellas es la habilidad de establecer relaciones sólidas y duraderas con tus clientes.

La confianza y la transparencia son fundamentales en la construcción de estas relaciones.

Otra habilidad importante es la capacidad de comprender y responder a las necesidades de tus clientes.

Esto requiere paciencia, escucha activa y empatía.

Al hacer esto, puedes ayudar a tus clientes a encontrar la propiedad adecuada para ellos y a hacer de la experiencia de compra o venta de bienes raíces algo fácil y sin estrés.

Además, para tener éxito en este campo, necesitas estar siempre en constante aprendizaje.

El mercado de bienes raíces está siempre cambiando, por lo que necesitas estar al día en las últimas tendencias, leyes y regulaciones.

Participar en cursos de capacitación, asistir a eventos de la industria y leer publicaciones especializadas son excelentes maneras de mantenerse actualizado.

Ser un agente de bienes raíces exitoso también implica tener una mentalidad emprendedora y estar dispuesto a tomar riesgos. Si bien esto puede ser aterrador, también es emocionante y puede llevar a grandes recompensas.

Finalmente, es importante tener en cuenta que el éxito como agente de bienes raíces no se logra de la noche a la mañana.

Es un proceso constante de aprendizaje, adaptación y persistencia. Pero con la pasión y dedicación adecuadas, puedes lograr tus metas y ser un agente de bienes raíces exitoso y respetado en tu comunidad.

¡Adelante, el mundo de los bienes raíces

te está esperando!

INTRODUCCIÓN

Antes de empezar, es importante entender todo lo   necesario para la compraventa de una casa.

En primer lugar, debemos tener en cuenta la propiedad en cuestión. ¿Cuál es la casa que se desea vender o comprar?

Es importante conocer las características de la propiedad, como su tamaño, ubicación y estado general.

Además, es esencial tener en cuenta a las personas involucradas en la transacción:

El comprador y el vendedor. Cada uno debe estar en disposición de vender o comprar la casa y tener los

documentos en regla que lo acrediten.

Es importante verificar la identidad de ambas partes y confirmar que están actuando de manera legítima.

Otro aspecto crucial es el interés de comprar la propiedad. El comprador debe estar interesado en la casa y tener la posibilidad de adquirirla, ya sea a través de financiamiento o de recursos propios. Además, el vendedor también debe estar interesado en venderla, y estar dispuesto a negociar el precio y los términos de la transacción.

Por último, es importante asegurarse de que la propiedad en cuestión esté en regla. Esto significa que se deben tener al día los documentos legales y fiscales correspondientes, como el certificado de libertad de gravamen, la escritura pública y los pagos de impuestos al día.

Si se cumplen todos estos requisitos, estaremos listos para llevar a cabo una transacción exitosa de compra-venta de una casa.

CAPÍTULO 1

LA UBICACIÓN

La ubicación es un factor clave a considerar cuando se trata de propiedades inmobiliarias. La razón es simple: la ubicación influye en múltiples aspectos de la vida de las personas.

Por ejemplo, la cercanía a lugares importantes como el trabajo, la escuela o las tiendas puede hacer una gran diferencia en el día a día de una persona. Además, una ubicación segura y bien conectada puede aumentar el valor de la propiedad y brindar tranquilidad y comodidad a los propietarios.

Por otro lado, la ubicación también puede influir en el estilo de vida de las personas.

¿Es alguien que disfruta de la vida urbana o prefiere un ambiente más relajado en zonas rurales o con acceso a la naturaleza? Saber esto es crucial para poder ofrecer propiedades que se ajusten a las necesidades y preferencias del comprador.

Conocer las preferencias de los clientes en cuanto a la ubicación te permitirá encontrar la propiedad perfecta que se ajuste a su estilo de vida, aumentar su valor de mercado y brindar una mejor calidad de vida.

Determinar si una ubicación es buena o no depende de varios factores, que pueden variar según la persona y sus necesidades específicas. Sin embargo, a continuación, se presentan algunos factores generales que pueden indicar si una ubicación es adecuada o no:

Accesibilidad: Una buena ubicación debe ser accesible y fácilmente alcanzable, ya sea por transporte público, automóvil o a pie. Si una propiedad está cerca de carreteras principales, estaciones de transporte público y servicios importantes como supermercados, centros de salud y escuelas, puede considerarse una buena ubicación.

Seguridad: La seguridad es un factor importante a tener en cuenta al evaluar una ubicación. Una buena ubicación debe ser segura y libre de crimen y violencia.

Demanda: La demanda es otro factor importante a considerar al evaluar una ubicación. Si hay una alta demanda de propiedades en una zona específica, esto puede indicar que la ubicación es deseable y puede aumentar el valor de la propiedad a largo plazo.

Valoración: El valor de las propiedades en una ubicación específica también es un factor importante a considerar. Si una propiedad está ubicada en una zona que tiene un historial de apreciación de valor a largo plazo, esto puede ser una buena señal.

Desarrollo futuro: El desarrollo futuro en una ubicación también puede ser un indicador de si una zona es buena o no. Si hay planes para nuevas infraestructuras, parques, instalaciones deportivas, etc., en una ubicación específica, esto puede indicar que la zona es buena y puede aumentar el valor de la propiedad a largo plazo.

Datos adicionales que podrían ser importantes al evaluar la ubicación de un inmueble:

Zonificación: La zonificación se refiere a las leyes locales que regulan el uso del suelo en una zona específica. Es importante saber si la propiedad está ubicada en una zona residencial, comercial o mixta, ya que esto puede afectar la calidad de vida y la futura apreciación del valor de la propiedad.

Vista y paisaje: Si una propiedad tiene una vista panorámica o está ubicada en un área escénica, esto puede aumentar su valor y su atractivo para los compradores. También es importante tener en cuenta los factores ambientales, como la calidad del aire, la presencia de humedad o la exposición a la luz solar, ya que esto puede afectar la calidad de vida.

Entorno: Es importante tener en cuenta el entorno y la calidad de vida en la zona. Por ejemplo, si la propiedad está cerca de un parque, una playa o un lago, esto podría aumentar su atractivo. Si la propiedad está ubicada en un área ruidosa o contaminada, esto podría afectar su calidad de vida.

Historia del vecindario: La historia del vecindario también puede ser importante al evaluar la ubicación de una propiedad. Es posible que desee investigar la historia del área en términos de crimen, desastres naturales, calidad de las escuelas y otros factores importantes.

Comunidad: La comunidad en la que se encuentra la propiedad también puede ser importante. Es posible que desee investigar la cultura local, la diversidad y la accesibilidad a servicios como bibliotecas, centros comunitarios y servicios religiosos.

En general, al evaluar la ubicación de una propiedad, es importante tener en cuenta una amplia variedad de factores para asegurarse de tomar una decisión informada.

Las vías de acceso son otro factor importante a considerar al evaluar la ubicación de un inmueble. Aquí hay algunos aspectos clave que podrían ser relevantes:

Accesibilidad: Es importante asegurarse de que la propiedad esté ubicada en una zona de fácil acceso, con buenas carreteras, calles y transporte público cercanos. Esto puede ser importante tanto para los propietarios como para los compradores potenciales.

Tráfico: También es importante considerar el nivel de tráfico en la zona. Si la propiedad está ubicada en una calle o carretera muy transitada, esto podría afectar el nivel de ruido, la calidad del aire y la seguridad en la zona.

Conectividad: La conectividad es otra consideración importante. Es posible que desee investigar si la propiedad está ubicada cerca de vías principales que conecten a otras zonas de la ciudad, ya que esto puede ser importante para la movilidad y la accesibilidad.

Estacionamiento: Si la propiedad cuenta con estacionamiento privado o si hay opciones de estacionamiento público cercanas, esto puede ser un factor importante a considerar para los propietarios y compradores potenciales.

Accesibilidad a servicios: Finalmente, es importante considerar si la propiedad está ubicada cerca de servicios importantes como supermercados, hospitales, centros comerciales y escuelas. La accesibilidad a estos servicios puede ser un factor importante en la calidad de vida y la comodidad de los propietarios y compradores potenciales.

-Donald Trump- empresario y ex presidente de los Estados Unidos, ha sido conocido por su opinión sobre la importancia de la ubicación en la industria de bienes raíces. Durante su carrera, ha enfatizado la importancia de la ubicación en la valoración de una propiedad y ha afirmado que "la ubicación lo es todo" en el negocio de bienes raíces.

CAPÍTULO 2

LA PROPIEDAD

Cuando se trata de comprar o vender una propiedad, es importante conocer las características de la misma y su estado general. Esto permitirá tomar decisiones informadas sobre la compraventa y evitar posibles problemas futuros. A continuación, te explicaré algunas de las características y aspectos del estado general de una propiedad que es importante tomar en cuenta:

Tamaño y distribución: es importante conocer el tamaño de la propiedad y su distribución. ¿Tiene suficiente espacio para la familia o negocio del comprador? ¿Es el espacio lo suficientemente amplio para cumplir con las necesidades? Una propiedad con una buena distribución de espacio puede ser más atractiva para los compradores.

Ubicación: como ya mencionamos antes, la ubicación de la propiedad es un factor clave a considerar. ¿Está ubicada en una zona atractiva para los compradores potenciales? ¿Hay servicios importantes cercanos como transporte, escuelas, hospitales, centros comerciales, entre otros?

Edad y mantenimiento: la edad y el mantenimiento de una propiedad pueden tener un gran impacto en su valor de mercado. Una propiedad bien mantenida puede aumentar su valor de mercado y ser más atractiva para los compradores. También es importante considerar el estado general de la propiedad, como posibles daños o necesidades de reparación.

Características especiales: ¿Tiene la propiedad características especiales como una vista panorámica, una terraza, una piscina, un jardín, entre otros? Estas características pueden hacer que una propiedad sea más atractiva y valiosa.

Hay varios tipos de propiedades que se pueden vender o comprar en el mercado inmobiliario. Aquí hay algunos ejemplos comunes:

Las casas unifamiliares son una de las propiedades más comunes en el mercado inmobiliario. Se trata de viviendas diseñadas para albergar a una única familia, lo que significa que no hay vecinos compartiendo la propiedad. Este tipo de vivienda ofrece mayor privacidad y libertad para los residentes, ya que tienen el control total de la propiedad y pueden personalizarla según sus gustos y necesidades. Además, suelen contar con áreas exteriores como jardines, patios o terrazas, lo que puede ser una gran ventaja para quienes buscan disfrutar del aire libre y de su propia área verde.

Por otro lado, es importante considerar que las casas unifamiliares suelen ser más grandes y costosas que otros tipos de propiedades como los apartamentos o los condominios. También es necesario considerar los gastos de mantenimiento y reparación, ya que todos los costos corren por cuenta del propietario. Sin embargo, muchas personas consideran que tener una casa unifamiliar es una inversión valiosa y una forma de asegurar la estabilidad y seguridad para su familia a largo plazo

Los condominios son una excelente opción para aquellos que buscan ser propietarios de una propiedad privada en una ubicación conveniente sin tener que preocuparse por el mantenimiento del exterior de la propiedad.

 Cada unidad es propiedad privada y los propietarios comparten la propiedad y uso de las áreas comunes, como la piscina, el gimnasio y los jardines.

Además, los condominios ofrecen amenidades de estilo de vida que pueden no estar disponibles en una casa unifamiliar, como seguridad las 24 horas y acceso a instalaciones de recreación en el lugar.

Los propietarios también son responsables de pagar una tarifa mensual de mantenimiento para cubrir los gastos comunes.

El régimen de condominio es un tipo de propiedad en el que varios propietarios comparten la propiedad de un edificio o conjunto de edificios y áreas comunes, como jardines, piscinas, canchas deportivas, entre otros. Cada propietario es dueño de una unidad privativa, que puede ser un apartamento, una casa o un local comercial, y al mismo tiempo es copropietario de las áreas comunes.

En un régimen de condominio, existen normas y reglamentos establecidos en la escritura de constitución del condominio y en el reglamento interno que deben ser respetados por todos los propietarios. Además, se elige una junta directiva encargada de la administración del condominio y la toma de decisiones relevantes.

Los propietarios en un régimen de condominio tienen la ventaja de compartir los gastos de mantenimiento y reparación de las áreas comunes, lo que puede reducir el costo para cada propietario individualmente. Por otro lado, también deben afrontar el pago de una cuota de mantenimiento mensual para cubrir los gastos comunes.

Es importante considerar que el régimen de condominio puede no ser adecuado para todas las personas, ya que algunas personas prefieren tener más control sobre su propiedad y no estar sujetos a las normas y regulaciones de un condominio. Sin embargo, para aquellos que buscan vivir en un entorno comunitario y compartir los gastos de mantenimiento, el régimen de condominio puede ser una excelente opción.

La principal diferencia entre un condominio y una casa unifamiliar es la propiedad de la propiedad y la responsabilidad de mantenimiento. En un condominio, cada unidad es propiedad privada, pero el mantenimiento del exterior y las áreas comunes son responsabilidad de la asociación de propietarios y se financia a través de las tarifas mensuales de mantenimiento. En una casa unifamiliar, el propietario es responsable del mantenimiento tanto del interior como del exterior de la propiedad. Además, los condominios suelen tener comodidades compartidas y una ubicación más central, mientras que las casas unifamiliares suelen estar en áreas residenciales suburbanas con más terreno y privacidad.

Otro tipo de propiedades pueden ser;

Edificios de departamentos: Estos son bloques de varios pisos que contienen múltiples unidades de vivienda. Los edificios de apartamentos pueden variar en tamaño, desde pequeños edificios de tres o cuatro pisos con solo unas pocas unidades hasta edificios de apartamentos de gran altura con cientos de unidades. Suelen estar ubicados en zonas urbanas y ofrecen la ventaja de poder albergar a muchas personas en un mismo lugar. También cuentan con un régimen de condominio.

Propiedades comerciales: Estas propiedades están diseñadas específicamente para uso comercial, como oficinas, tiendas, almacenes y restaurantes. Estas propiedades se compran con el objetivo de obtener ingresos a través del arrendamiento a empresas. A menudo se ubican en zonas de alta densidad poblacional para maximizar la exposición de la empresa.

Propiedades de uso mixto: Estas propiedades combinan espacio comercial y residencial. Por ejemplo, puede ser un edificio de apartamentos con una planta baja de tiendas, o un edificio de oficinas con apartamentos en los pisos superiores. Este tipo de propiedad ofrece la ventaja de poder vivir y trabajar en un mismo lugar, lo que es atractivo para aquellos que buscan conveniencia y eficiencia.

Propiedades rurales: Estas propiedades se encuentran en zonas rurales o suburbanas, como granjas, ranchos o cabañas de montaña. Estas propiedades suelen estar alejadas de las zonas urbanas y ofrecen una mayor privacidad y tranquilidad. Son atractivas para aquellos que buscan un estilo de vida más tranquilo y una conexión con la naturaleza.

Propiedades de lujo: Estas propiedades tienen características y comodidades exclusivas, como vistas impresionantes, acabados de alta calidad, piscinas y gimnasios privados. Estas propiedades se compran por el lujo que ofrecen, y pueden ser una inversión sólida para aquellos que buscan un alto retorno de inversión.

Cada tipo de propiedad ofrece ventajas y desventajas específicas, y es importante evaluar cuidadosamente tus necesidades y objetivos.

Además de la ubicación y el tipo de propiedad, hay otros puntos importantes a considerar al momento de comprar o vender una casa. Uno de ellos es la condición general de la propiedad, incluyendo el estado del techo, las paredes, la plomería, la electricidad y los sistemas de calefacción y enfriamiento. También es importante considerar si la propiedad necesita reparaciones o renovaciones, y si estas pueden ser realizadas dentro del presupuesto del comprador o vendedor.

Aquí te van algunos tips para determinar la condición general de una propiedad:

Revisa la estructura: verifica si hay daños en las paredes, techos o pisos, así como grietas o signos de humedad.

Inspecciona las instalaciones eléctricas y de plomería: revisa si hay tuberías o cables expuestos, y si hay problemas de fugas o cortocircuitos.

Observa los acabados: fíjate si hay raspones, manchas o rayones en los acabados de la propiedad, como pintura, cerámica, madera, etc.

Verifica la calidad de los materiales: examina la calidad de los materiales utilizados en la construcción de la propiedad, ya que esto afectará la durabilidad y el mantenimiento.

Chequea el sistema de calefacción y aire acondicionado: asegúrate de que estos sistemas estén funcionando correctamente, ya que son importantes para la comodidad y la eficiencia energética de la propiedad.

Pregunta sobre el historial de mantenimiento: pregunta al vendedor sobre el mantenimiento y las reparaciones realizadas en la propiedad, ya que esto puede darte una idea de su estado general.

Recuerda que es importante realizar una inspección detallada de la propiedad antes de comprar o vender, para asegurarte de que esté en buen estado y evitar futuros problemas.

Otro punto importante es el tamaño de la propiedad y el número de habitaciones y baños. Esto puede ser un factor decisivo para los compradores que tienen familias grandes o que desean espacio adicional para uso personal o de trabajo. Asimismo, la presencia de características adicionales, como piscinas, jardines o garajes, también puede influir en la decisión de compra.

Por último, es importante considerar el precio de la propiedad y cómo se compara con otras propiedades similares en la misma área. También es importante asegurarse de que la propiedad esté en regla y que todos los documentos necesarios estén en orden antes de llevar a cabo una transacción.

Para evaluar una propiedad, lo primero que debes hacer es considerar su ubicación, tamaño y estado general. Luego, debes investigar los precios de las propiedades similares en la misma zona para tener una idea del rango de precios en el mercado. Es importante considerar también los aspectos positivos y negativos de la propiedad, como la cantidad de habitaciones y baños, la calidad de la construcción, la edad de la propiedad, las comodidades y servicios que ofrece, entre otros.

Otro aspecto importante a tener en cuenta es el potencial de la propiedad para generar ingresos, como alquileres o rentas. Para ello, es necesario considerar la demanda y los precios del mercado de alquiler en la zona.

Una vez que se tiene toda esta información, se puede utilizar una fórmula de evaluación que tenga en cuenta el valor de mercado de la propiedad, los costos de mantenimiento y reparación, y los potenciales ingresos por alquiler. Esto permitirá determinar un precio justo y adecuado para la propiedad en cuestión.

Una de las fórmulas más comunes para evaluar una propiedad es la siguiente:

Valor de mercado = Precio promedio de las propiedades en la misma área geográfica x tamaño de la propiedad

Esta fórmula toma en cuenta el precio promedio de las propiedades similares en la misma área geográfica, lo cual es un indicador del valor de mercado. Luego, se multiplica por el tamaño de la propiedad para obtener una estimación del valor de la propiedad en cuestión.

Es importante tener en cuenta que esta fórmula es solo una guía y no debe ser la única consideración al evaluar una propiedad. Otros factores como la ubicación, la condición de la propiedad y las características únicas también deben ser considerados. Es recomendable consultar con un agente de bienes raíces profesional para obtener una evaluación más precisa de la propiedad.

Supongamos que queremos evaluar una propiedad que tiene las siguientes características:

Área construida: 200 metros cuadrados

Área total del terreno: 300 metros cuadrados

Ubicación: Zona de alta demanda en la ciudad

Edad de la propiedad: 10 años

En primer lugar, debemos obtener información sobre el precio promedio de propiedades similares en la misma zona, tomando en cuenta las características de la propiedad en cuestión. Supongamos que el precio promedio es de $2,500 por metro cuadrado.

Luego, multiplicamos el área construida de la propiedad por el precio promedio: 200 x $2,500 = $500,000

A continuación, multiplicamos el área total del terreno por un factor que representa su valor relativo en comparación con el área construida. En este caso, asumimos que el valor del terreno es el 70% del valor total de la propiedad: 300 x $2,500 x 0.7 = $525,000

Finalmente, sumamos ambos valores para obtener la valoración total de la propiedad: $500,000 + $525,000 = $1,025,000

Es importante tener en cuenta que esta fórmula es solo una guía y que otros factores, como el estado general de la propiedad y la demanda en el mercado, también pueden afectar su valoración.

Aquí te presento algunos tips que pueden ayudarte a vender tu propiedad antes que las demás de la zona:

Precio competitivo: Si quieres vender rápido, el precio debe ser competitivo. Investiga el precio de las propiedades en la zona y fija un precio atractivo que atraiga a los compradores.

Mejoras visuales: Si realizas mejoras visuales en la propiedad, como un buen paisajismo, pintura exterior e interior, luces atractivas, espejos decorativos, podrás destacar tu propiedad en la zona y atraer a los compradores.

Publicidad efectiva: Publica anuncios atractivos en los sitios web más populares de bienes raíces, muestra fotos llamativas y destaca los mejores aspectos de tu propiedad. También puedes hacer uso de las redes sociales para promocionar tu propiedad.

Experiencia del usuario: Al permitir visitas en cualquier momento del día, una buena iluminación, la limpieza, la decoración y una experiencia cálida, estás aumentando las posibilidades de venta.

Recuerda, el tiempo que tarda en venderse una propiedad puede depender de varios factores, pero si implementas estos tips, podrás aumentar las posibilidades de vender tu propiedad antes que las demás de la zona.

Para vender una propiedad, se necesitan varios documentos importantes que respalden la transacción y proporcionen información detallada sobre la propiedad en cuestión.

A continuación, se describen algunos de los documentos esenciales que se necesitan para la venta de una propiedad:

Título de propiedad: es un documento legal que prueba la propiedad de la propiedad y muestra que el vendedor tiene el derecho legal de venderla.

Certificado de libertad de gravamen: este documento acredita que la propiedad no tiene deudas pendientes ni gravámenes y está lista para ser vendida.

Escritura pública: es el documento que acredita la propiedad y contiene información detallada sobre la propiedad, como su ubicación, dimensiones, condiciones y restricciones.

Planos de la propiedad: estos documentos muestran las dimensiones y características de la propiedad, así como su ubicación exacta en el terreno.

Certificado de uso de suelo: este documento acredita el uso permitido de la propiedad, según las normas locales de zonificación.

Boletas de pago de servicios públicos: se necesitan para demostrar que los servicios públicos, como agua, luz, gas y teléfono, están al día y en nombre del propietario.

Pago de impuestos prediales: es importante tener al día los impuestos sobre la propiedad para demostrar que no hay deudas pendientes y evitar retrasos en la venta.

El avalúo es un documento importante que puede ser requerido al momento de vender una propiedad. Este documento es una valuación realizada por un valuador profesional que establece el valor de la propiedad en el mercado. El avalúo se realiza para asegurar que la propiedad se está vendiendo a un precio justo y adecuado. Además, el avalúo es un requisito común para la solicitud de créditos hipotecarios, ya que el valor de la propiedad sirve como garantía para el préstamo. Los bancos y otras instituciones financieras suelen requerir un avalúo actualizado antes de otorgar un crédito hipotecario. El proceso de avalúo puede variar según el país o región en que se encuentre la propiedad, pero generalmente incluye una visita del valuador a la propiedad para evaluar su estado físico, así como la revisión de documentos de la propiedad, como escrituras y planos.

Es importante destacar que el avalúo no es una ciencia exacta y puede variar dependiendo de factores como la ubicación de la propiedad, su estado físico y la demanda del mercado en el momento de la valuación. Por lo tanto, es importante contar con un valuador profesional y con experiencia en la región en la que se encuentra la propiedad para garantizar un avalúo justo y preciso.

Estos son solo algunos de los documentos esenciales que se necesitan para vender una propiedad. Dependiendo de la ubicación y las leyes locales, puede haber otros documentos o trámites necesarios para completar la venta de manera legal y segura.

Además de los documentos ya mencionados, se pueden requerir otros documentos dependiendo de las leyes y regulaciones locales. Por ejemplo, en algunos países se puede exigir una inspección técnica de la propiedad o un certificado de no deuda. También es posible que se necesiten otros documentos adicionales para la transacción, como el contrato de compraventa y los documentos de transferencia de propiedad. Es importante revisar con un abogado especializado en bienes raíces las regulaciones específicas que aplican en la ubicación donde se encuentra la propiedad para asegurarse de tener todos los documentos necesarios para la transacción de manera legal y segura.

CAPÍTULO 3

EL COMPRADOR

El comprador de una propiedad es una pieza clave en todo el proceso de compra-venta. Por ello, es fundamental conocerlo y entenderlo para poder satisfacer sus necesidades y ofrecerle una experiencia de compra única.

En primer lugar, es importante comprender que cada comprador es único y tiene necesidades específicas. Algunos pueden estar buscando una casa para vivir con su familia, otros pueden estar buscando una propiedad para invertir y obtener rentabilidad, mientras que otros pueden estar interesados en una propiedad de lujo para su disfrute personal.

Para entender al comprador, es necesario ponerse en su lugar y pensar como él. ¿Qué busca? ¿Qué es importante para él? ¿Cuáles son sus necesidades? Para responder estas preguntas, es necesario conocer las características de la propiedad que se está ofreciendo y cómo se alinean con las necesidades del comprador.

Otro factor importante a considerar es el presupuesto del comprador. Antes de ofrecer cualquier propiedad, es necesario conocer el presupuesto que tiene disponible para invertir. De esta manera, se pueden ofrecer propiedades que se ajusten a su presupuesto y evitar ofrecer propiedades fuera de su alcance económico.

Además, es importante tener en cuenta que la mayoría de los compradores suelen buscar propiedades en línea. Por lo tanto, es fundamental tener una presencia en línea fuerte y atractiva, con fotografías de calidad y descripciones detalladas que muestren las características únicas de la propiedad.

Otro factor a considerar es la experiencia de compra. Desde el primer contacto con el comprador hasta la firma del contrato de compra-venta, es importante brindar una experiencia de compra positiva y única. Esto incluye ofrecer un trato cordial y personalizado, estar disponible para responder preguntas y brindar información detallada sobre la propiedad.

En resumen, conocer al comprador es fundamental para poder ofrecer propiedades que se ajusten a sus necesidades y presupuesto. Una experiencia de compra positiva y una presencia en línea atractiva también son factores clave para captar su atención y cerrar la venta de la propiedad.

Es fundamental saber si el comprador cuenta con los recursos necesarios para adquirir la propiedad, ya sea a través de un financiamiento hipotecario o de recursos propios.

En el caso de los financiamientos hipotecarios, es importante conocer las condiciones del préstamo, como el plazo, la tasa de interés y las comisiones que se deben pagar. De esta manera, se puede asesorar al comprador y ayudarlo a tomar una decisión informada. Un crédito hipotecario es un préstamo que te otorga un banco u otra institución financiera para adquirir una propiedad inmobiliaria, como una casa o un departamento. Este tipo de crédito suele tener un plazo de pago a largo plazo, que puede ser de hasta 30 años en algunos casos. A cambio de este préstamo, el banco cobra una tasa de interés y otros cargos, como seguros y comisiones.

Antes de solicitar un crédito hipotecario, es importante que consideres algunos factores importantes. Primero, debes tener en cuenta tu capacidad de pago, es decir, cuánto puedes destinar a la cuota mensual del crédito sin comprometer tu presupuesto y tu calidad de vida. Además, debes investigar las diferentes opciones de crédito que ofrecen las instituciones financieras, comparando tasas de interés, plazos de pago, comisiones y otros cargos.

Una vez que hayas decidido solicitar un crédito hipotecario, el proceso de aprobación puede ser bastante riguroso. La institución financiera revisará sus antecedentes crediticios, ingresos, gastos y otros aspectos de tu situación financiera para determinar si eres un candidato confiable para recibir el préstamo.

Si eres aprobado para el crédito hipotecario, deberás firmar un contrato en el que se establecen los términos y condiciones del préstamo, incluyendo la tasa de interés, el plazo de pago y otros cargos. Es importante leer cuidadosamente este contrato y asegurarse de entender todos los términos antes de firmar.

Una vez que tengas el crédito hipotecario, es importante que cumplas con las obligaciones del contrato, es decir, pagar las cuotas mensuales en tiempo y forma y mantener el seguro de la propiedad actualizado. Si no cumples con estas obligaciones, puedes perder la propiedad y enfrentar problemas legales y financieros.

En general, los créditos hipotecarios son una buena opción para aquellas personas que desean adquirir una propiedad inmobiliaria pero no cuentan con los recursos necesarios para pagarla de contado. Sin embargo, es importante que investigues bien tus opciones y te asegures de que puedes cumplir con las obligaciones del contrato antes de solicitar un crédito hipotecario.

Hay diferentes tipos de créditos hipotecarios en el mercado, cada uno con sus propias características y requisitos

Es importante evaluar la capacidad de pago del comprador, es decir, su capacidad para hacer frente a las cuotas de la hipoteca.

Para ello, se deben analizar sus ingresos y gastos mensuales y verificar que su capacidad de pago sea suficiente para cubrir las cuotas de la hipoteca sin afectar su calidad de vida. Para determinar la capacidad de pago, es necesario tener en cuenta varios factores.

En primer lugar, se debe considerar el ingreso mensual del solicitante del crédito hipotecario. Este ingreso puede ser determinado a través de recibos de sueldo, extractos bancarios o declaraciones de impuestos. Es importante que se tenga en cuenta el ingreso neto mensual, es decir, el monto que efectivamente ingresa a la cuenta bancaria del solicitante después de impuestos y descuentos.

Una vez que se ha establecido el ingreso mensual neto, se debe calcular la relación entre este ingreso y el pago mensual de la hipoteca. La regla general es que el pago mensual de la hipoteca no debe superar el 30% del ingreso mensual neto del solicitante. Por lo tanto, si el ingreso mensual neto es de $5,000, el pago mensual de la hipoteca no debería superar los $1,500.

Además, es importante tener en cuenta otros gastos fijos que el solicitante tenga, como gastos de alimentación, transporte, servicios públicos, entre otros. Estos gastos pueden reducir la capacidad de pago mensual disponible para la hipoteca.

Otro factor a considerar es el monto del préstamo hipotecario. Si el monto del préstamo es demasiado alto en relación con el ingreso mensual neto del solicitante, es posible que no tenga suficiente capacidad de pago para hacer frente a los pagos mensuales de la hipoteca.

Otro aspecto importante a considerar es el perfil del comprador, es decir, sus necesidades, gustos y preferencias. Esto permitirá enfocar la búsqueda en propiedades que se adapten a sus necesidades y le permitan satisfacer sus gustos y preferencias.

Por ejemplo, si el comprador es una familia con niños, es importante que la propiedad cuente con suficiente espacio para que los niños puedan jugar y correr. Además, es importante que la propiedad se encuentre en una zona segura y tranquila, con acceso a áreas verdes y parques.

Por otro lado, si el comprador es una pareja joven que busca su primera vivienda, es probable que busquen una propiedad más pequeña y económica, ubicada en una zona céntrica y cercana a las principales vías de acceso y servicios.

El comprador también debe contar con una serie de documentos para poder adquirir una propiedad.

A continuación, se enumeran algunos de los documentos más importantes:

Identificación oficial: El comprador debe contar con una identificación oficial, ya sea una credencial de elector, pasaporte o alguna otra identificación que sea válida en el país donde se está realizando la transacción.

Comprobante de domicilio: Es importante que el comprador presente un comprobante de domicilio que demuestre que vive en el lugar que ha proporcionado a la institución financiera o al vendedor.

Historial crediticio: En caso de que el comprador vaya a solicitar un crédito hipotecario, es importante que presente su historial crediticio. Este documento permite a los bancos o instituciones financieras conocer el comportamiento de pago del comprador.

Comprobante de ingresos: Para poder obtener un crédito hipotecario, el comprador debe presentar un comprobante de ingresos, que puede ser una constancia de sueldo, estados de cuenta bancarios o declaraciones de impuestos.

Carta de pre autorización de crédito: Si el comprador ha obtenido una pre autorización de crédito de su banco o institución financiera, es importante que presente esta carta al vendedor. Esta carta indica que el comprador ha sido aprobado para obtener un crédito hipotecario en una cantidad determinada.

Firma de contrato de compraventa: Una vez que se ha llegado a un acuerdo entre el comprador y el vendedor en cuanto a las condiciones de la venta, es necesario firmar un contrato de compraventa. Este documento debe ser redactado por un abogado y debe contener todos los detalles de la transacción.

Es importante mencionar que los documentos necesarios para la compra de una propiedad pueden variar dependiendo del país y de las leyes y regulaciones que rigen en el lugar donde se realiza la transacción. Por esta razón, es recomendable que el comprador se informe sobre los documentos que necesita presentar antes de iniciar el proceso de compra.

CAPÍTULO 4

EL VENDEDOR

Para vender una casa, el vendedor necesita presentar documentos personales que acrediten su identidad y capacidad legal para vender la propiedad. Estos documentos incluyen una identificación oficial con fotografía, como una credencial para votar o un pasaporte, y el acta de nacimiento o naturalización.

Además de los documentos personales, el vendedor debe tener a la mano los documentos de la propiedad, tales como el título de propiedad, el cual acredita que el inmueble es de su propiedad, y el comprobante de pago de impuestos prediales y servicios, para demostrar que está al corriente en sus obligaciones fiscales. También es importante contar con los planos arquitectónicos y la escritura de la propiedad, la cual es el documento legal que respalda la venta de la propiedad.

En algunos casos, si el vendedor tiene adeudos con el banco

o alguna otra institución financiera, es posible que necesite presentar documentos adicionales, como una carta de no adeudo o una carta de autorización de venta, para demostrar que tiene la autorización para vender la propiedad. Por otro lado, si el vendedor es extranjero, puede ser necesario presentar documentación adicional, como una visa de residencia temporal o permanente y la identificación fiscal del país de origen.

Es importante tener en cuenta que los requisitos de documentación pueden variar según el país y la legislación local, por lo que es recomendable asesorarse con un experto en el área de bienes raíces o un abogado especializado para asegurarse de contar con todos los documentos necesarios para la venta de la propiedad.

CAPÍTULO 5

COMPRAVENTA DE UNA PROPIEDAD

El proceso de compra-venta de una propiedad puede ser un proceso largo y complejo que puede requerir una cantidad significativa de tiempo y esfuerzo por parte de ambas partes involucradas. El proceso puede variar según el país y la región, pero aquí se describirán algunos de los pasos generales que se siguen en el proceso de compra-venta en México.

Búsqueda de propiedad: El comprador busca una propiedad que se adapte a sus necesidades y presupuesto. Puede ser a través de un agente inmobiliario, en línea, visitas a las propiedades, etc.

Realizar una oferta: El comprador presenta una oferta al vendedor con los términos y condiciones de la oferta, incluido el precio de compra.

Negociación de términos: El vendedor y el comprador negocian los términos de la oferta, incluidos los plazos de pago, las fechas de cierre, las condiciones, etc.

La solicitud de compra es un documento que el comprador llena para expresar su interés en adquirir una propiedad. Esta solicitud es importante para el vendedor, ya que le permite tener un registro formal del interés del comprador y también sirve como base para la negociación de los términos y condiciones de la venta.

Depósito de garantía: El comprador puede necesitar hacer un depósito de garantía en la cuenta del vendedor o de un tercero para garantizar que el comprador cumpla con los términos del acuerdo. (Apartado)

La cantidad recomendada para el apartado puede variar dependiendo de la zona y el precio de la propiedad en cuestión. En general, se suele recomendar que el apartado sea al menos del 1% al 10% del precio de venta de la propiedad. Por ejemplo, si la propiedad tiene un precio de venta de $1,000,000, el apartado podría oscilar entre $10,000 y $100,000.

Es importante destacar que el apartado es una señal de compromiso por parte del comprador para adquirir la propiedad, por lo que en caso de que posteriormente decida no llevar a cabo la compra, este dinero no será reembolsable. Por otro lado, en caso de que el vendedor decida no llevar a cabo la venta, deberá reembolsar el doble del monto del apartado al comprador.Es recomendable que la cantidad del apartado sea estipulada en el contrato de compra-venta, junto con los términos y condiciones de la transacción, para evitar confusiones o malentendidos entre las partes involucradas. Además, es importante asegurarse de que el monto del apartado sea entregado en una forma segura y comprobable, como mediante una transferencia bancaria.

Investigación de título: El comprador realiza una investigación del título de la propiedad para asegurarse de que el vendedor tenga derecho a vender la propiedad y que no haya gravámenes ni deudas pendientes en la propiedad. (esto normalmente lo hace la misma notaría)

Inspección de la propiedad: El comprador tiene derecho a inspeccionar la propiedad antes de la venta para asegurarse de que está en buenas condiciones y para detectar cualquier problema que pudiera requerir reparación o mantenimiento.

El contrato de compraventa es un documento legal que se utiliza en el proceso de adquisición de una propiedad, ya sea un terreno, una casa, un departamento, un local comercial, entre otros bienes inmuebles. En México, este documento es de vital importancia ya que establece los términos y condiciones de la transacción, y brinda seguridad jurídica a las partes involucradas.

El contrato de compra venta debe ser redactado por un abogado especialista en bienes raíces, y debe contener los siguientes elementos:

Identificación de las partes: el contrato debe incluir los datos personales y fiscales del comprador y del vendedor, así como la descripción de la propiedad que se está vendiendo.

Precio y forma de pago: se debe establecer el precio de venta de la propiedad, así como la forma en que se realizará el pago, ya sea en efectivo, con un crédito hipotecario, o una combinación de ambos.

Plazo de entrega: se debe establecer la fecha en que se entregará la propiedad al comprador, así como las condiciones en que se realizará la entrega.

Obligaciones de las partes: el contrato debe establecer las obligaciones que tiene cada una de las partes, por ejemplo, el compromiso del vendedor de entregar la propiedad en las condiciones pactadas, y el compromiso del comprador de realizar el pago en los plazos y condiciones establecidas.

Clausulas especiales: el contrato puede incluir cláusulas especiales que las partes hayan acordado, por ejemplo, la posibilidad de que el comprador realice una inspección técnica de la propiedad antes de la compra, o la posibilidad de que el vendedor ofrezca una garantía por vicios ocultos.

Firma de las partes: el contrato debe ser firmado por el comprador y el vendedor, y en algunos casos, por los testigos que hayan presenciado la firma.

Una vez que el contrato de compraventa ha sido firmado por ambas partes, se debe realizar el pago correspondiente, y se debe llevar a cabo el proceso de escrituración de la propiedad. La escrituración es un proceso legal que se lleva a cabo ante un notario público, y que tiene como objetivo transferir la propiedad del vendedor al comprador.

El proceso de escrituración implica el pago de diversos impuestos y derechos, como el impuesto sobre la adquisición de bienes inmuebles (ISAI), el pago de derechos de registro y el pago de honorarios del notario público.

Es importante destacar que el contrato de compraventa es un documento legal muy importante, ya que establece los términos y condiciones de la transacción. Por esta razón, es recomendable que el contrato sea redactado por un abogado especialista en bienes raíces, y que ambas partes lo revisen con detenimiento antes de firmarlo.

Pago del saldo: El comprador paga el saldo restante del precio de compra se realiza en la fecha de cierre acordada, por lo general a través de una transferencia bancaria. Es importante que ambas partes estén presentes en el momento del cierre y que se hayan acordado previamente los términos de la transacción, incluyendo la cantidad exacta a pagar y cualquier otra condición o estipulación del contrato. Una vez que se ha realizado el pago, se procede a la entrega de la escritura de propiedad al comprador, quien se convierte oficialmente en el nuevo propietario de la propiedad.

La firma de escrituras es uno de los momentos más importantes en el proceso de compra-venta de una propiedad. En México, es el momento en el que se formaliza el acuerdo entre el comprador y el vendedor, y se transfiere legalmente la propiedad de una persona a otra.

Para llevar a cabo la firma de escrituras, es necesario que ambas partes estén presentes y hayan cumplido con todos los requisitos previos, como haber acordado el precio de la propiedad y haber obtenido los documentos necesarios, como el certificado de libertad de gravamen, el avalúo y el contrato de compraventa.

Una vez que se han cumplido todos los requisitos, se programa una cita en una notaría, que es el lugar donde se llevará a cabo la firma de escrituras. La notaría es un lugar neutral, elegido por ambas partes y autorizado por el gobierno, donde se llevan a cabo los actos legales relacionados con la compra-venta de propiedades.

El día de la firma de escrituras, ambas partes deben presentar su identificación oficial, y el comprador debe llevar la transferencia bancaria correspondiente al saldo restante del precio de compra de la propiedad. El notario leerá el documento de escritura y se asegurará de que todo sea correcto y claro para ambas partes. Después de que ambas partes estén de acuerdo, firmarán el documento de escritura.

Es importante mencionar que el notario es un testigo imparcial y su función es asegurarse de que todas las partes comprendan y acepten los términos del acuerdo. Además, el notario también se asegurará de que todos los impuestos y tarifas relacionados con la transferencia de la propiedad se hayan pagado correctamente.

Una vez que se han firmado las escrituras, el notario las sellará y las registrará en el Registro Público de la Propiedad. El registro de la propiedad es un registro público donde se inscriben todas las transacciones de compra-venta de propiedades en México. El registro de la propiedad garantiza que el comprador sea el dueño legal de la propiedad.

Si se usó un crédito hipotecario para la compra de la propiedad, la firma de escrituras también es un paso fundamental en el proceso. En este caso, la institución financiera que otorgó el préstamo deberá estar presente en la firma de las escrituras para asegurarse de que se cumplan todas las condiciones establecidas en el contrato de préstamo.

Durante la firma de las escrituras, la institución financiera entregará el cheque correspondiente al monto del préstamo hipotecario a la notaría. Luego, la notaría emitirá un cheque a nombre del vendedor por la cantidad acordada en la compraventa, restando el monto del préstamo hipotecario.

Es importante que el comprador revise detenidamente todas las cláusulas del contrato de préstamo hipotecario antes de firmar las escrituras, ya que estará adquiriendo una deuda a largo plazo. Es recomendable que se lea cuidadosamente cada uno de los términos y condiciones que aparecen en el contrato, ya que cada institución financiera tiene sus propios requisitos y formas de operar.

En la firma de las escrituras, también se establecerá la forma en que se harán los pagos de la hipoteca, que puede ser mensual o quincenal, y se acordarán los términos y condiciones de la tasa de interés, la amortización, las comisiones y los gastos adicionales. También se acordará la fecha de pago de la primera mensualidad del préstamo hipotecario, que suele ser un mes después de la firma de las escrituras.

Es importante destacar que la firma de las escrituras no es el final del proceso de compra-venta de una propiedad con crédito hipotecario, ya que aún quedan algunos trámites adicionales, como la inscripción de la propiedad en el Registro Público de la

Propiedad y el pago de los impuestos correspondientes.

La entrega de la posesión de una propiedad es un momento emocionante tanto para el comprador como para el vendedor. Es el momento en que el comprador finalmente puede entrar en su nuevo hogar y comenzar a hacerlo propio, y para el vendedor, es el momento en que se despide de una parte de su vida.

La entrega de la posesión no solo es un momento emocionalmente importante, sino que también es una oportunidad para crear una conexión duradera con el comprador. Si has sido el vendedor, este es el momento perfecto para pedir referidos, para que tus amigos y familiares sepan que has tenido una experiencia positiva al vender tu propiedad. Asegúrate de preguntar al comprador si conoce a alguien más que esté buscando comprar o vender una propiedad y ofrécele una referencia.

Recuerda que la entrega de la posesión no significa que tu relación con el comprador termine ahí. Asegúrate de proporcionar cualquier información adicional que el comprador necesite, como la ubicación del medidor de agua o gas, la fecha del próximo pago de impuestos, o cualquier otro detalle que pueda ayudar al comprador a sentirse cómodo en su nuevo hogar.

CAPÍTULO 6

MANOS A LA OBRA

Bienvenido/a a este mundo emocionante y desafiante de la venta de propiedades. Ya sea que estés iniciando tu carrera como agente inmobiliario o buscando expandir tu cartera de propiedades en venta, el proceso de conseguir propiedades y clientes puede parecer intimidante al principio. Pero no te preocupes, ¡estás en el camino correcto!

La venta de propiedades es una de las industrias más dinámicas y emocionantes del mundo, y cada día se presentan nuevas oportunidades para encontrar la propiedad adecuada para el cliente adecuado. Ya sea que estés buscando una casa familiar en el suburbio, un apartamento en el centro de la ciudad, o una casa de playa en la costa, siempre hay alguien buscando una propiedad que cumpla con sus necesidades y deseos.

Al ser un agente inmobiliario, tienes la oportunidad de hacer realidad los sueños de tus clientes al encontrar la propiedad que cumpla con sus necesidades y presupuesto. Pero para hacerlo, debes comenzar por encontrar propiedades disponibles para la venta. En esta tarea, no existe una sola estrategia que funcione para todos, pero hay muchas formas de hacerlo. En este proceso, deberás utilizar tus habilidades de comunicación, redes sociales, habilidades de negociación, y tu capacidad de análisis para encontrar propiedades y clientes potenciales.

En el negocio de bienes raíces, no hay una respuesta única que se adapte a todos los casos. La estrategia de conseguir primero al cliente final o la propiedad puede variar según diversos factores, como la demanda del mercado, la competencia, la situación económica y la disponibilidad de propiedades en el momento.

Por lo general, conseguir primero al cliente final puede ser una estrategia más efectiva para los agentes de bienes raíces que buscan construir relaciones a largo plazo con sus clientes. Al tener una buena relación con el cliente, es más fácil entender sus necesidades y preferencias, lo que a su vez puede ayudar a encontrar la propiedad adecuada para ellos.

Sin embargo, conseguir primero la propiedad puede ser una

estrategia más efectiva para los agentes que trabajan en un mercado donde la demanda es alta y la oferta es limitada. Al tener una propiedad de alta demanda, los agentes pueden atraer a múltiples compradores interesados, lo que puede generar una competencia saludable y, a su vez, un precio de venta más alto.

En última instancia, lo más importante es que los agentes de bienes raíces entiendan su mercado y trabajen arduamente para crear relaciones sólidas con sus clientes y mantenerse actualizados sobre las tendencias del mercado. Al hacerlo, pueden encontrar la estrategia más efectiva para conseguir tanto clientes como propiedades y así lograr el éxito a largo plazo.

Existen diferentes maneras de conseguir propiedades para vender.

A continuación, te menciono algunas de las principales estrategias:

Networking: El networking o la creación de redes de contactos es una excelente manera de conseguir propiedades para vender. Habla con amigos, familiares, colegas, vecinos y otros conocidos sobre tu negocio de bienes raíces y pídeles que te recomienden si conocen a alguien que quiera vender su propiedad.

Publicidad: La publicidad puede ser una herramienta efectiva para atraer propiedades para vender. Utiliza diferentes medios de publicidad, como anuncios en periódicos, revistas, radio y televisión, así como en línea a través de sitios web y redes sociales.

Referencias de otros agentes de bienes raíces: Si conoces a otros agentes de bienes raíces, ellos pueden ser una fuente valiosa de propiedades para vender. Pídeles que te refieran a los propietarios de propiedades que deseen vender.

Prospección en frío: Si bien puede ser desafiante, la prospección en frío puede ser efectiva para conseguir propiedades para vender. Contacta a los propietarios de propiedades que consideres que puedan estar interesados en vender y ofréceles tus servicios como agente de bienes raíces.

Ferias y eventos de bienes raíces: Participar en ferias y eventos de bienes raíces es una excelente manera de conocer a propietarios de propiedades que desean vender. Además, también puedes conocer a otros agentes de bienes raíces que pueden referirte a propietarios de propiedades.

Mailing directo: El mailing directo es una estrategia de marketing que consiste en enviar correo directo a los propietarios de propiedades. Puedes enviar una carta de presentación ofreciendo tus servicios como agente de bienes raíces y preguntando si están interesados en vender su propiedad.

Recuerda que conseguir propiedades para vender puede ser un proceso constante y que requiere de esfuerzo y dedicación. Utiliza diferentes estrategias y mantente activo en tu búsqueda para asegurarte de tener un flujo constante de propiedades para vender.

El contrato de exclusividad

Documento legal que establece una relación contractual entre el vendedor y el agente de bienes raíces, en el que se acuerda que el agente será el único encargado de la venta de la propiedad durante un periodo determinado de tiempo.

Este tipo de contrato es comúnmente utilizado en la industria de bienes raíces para asegurar que el agente tenga el control exclusivo sobre la venta de la propiedad y pueda trabajar de manera efectiva para encontrar compradores potenciales.

Al firmar un contrato de exclusividad, el vendedor se compromete a trabajar exclusivamente con el agente designado para vender la propiedad. A cambio, el agente se compromete a realizar todas las actividades necesarias para promover y vender la propiedad, incluyendo la publicidad en línea y fuera de línea, la organización de visitas y la coordinación de las negociaciones.

El contrato de exclusividad también puede incluir cláusulas que establezcan las condiciones de la venta, como el precio mínimo de venta, la duración del contrato, la comisión del agente, entre otros detalles relevantes.

Es importante que tanto el vendedor como el agente comprendan plenamente los términos y condiciones del contrato de exclusividad antes de firmarlo. En general, el contrato es beneficioso tanto para el vendedor como para el agente, ya que permite una colaboración más efectiva y aumenta las posibilidades de éxito en la venta de la propiedad.

Te presento un ejemplo básico de un contrato de exclusividad para la venta de una propiedad:

CONTRATO DE EXCLUSIVIDAD PARA VENTA DE INMUEBLE

PARTES CONTRATANTES:

De una parte, _____ (nombre del propietario o representante legal), mayor de edad, de nacionalidad _____, con domicilio en _____ (dirección completa), con número de identificación fiscal _____, en adelante EL PROPIETARIO.

De la otra parte, _____ (nombre del agente inmobiliario o representante legal), mayor de edad, de nacionalidad _____, con domicilio en _____ (dirección completa), con número de identificación fiscal _____, en adelante EL AGENTE INMOBILIARIO.

Ambas partes, EL PROPIETARIO y EL AGENTE INMOBILIARIO, acuerdan celebrar el presente contrato de exclusividad para la venta del siguiente inmueble:

UBICACIÓN:

CARACTERÍSTICAS DEL INMUEBLE:

OBJETO DEL CONTRATO

El objeto del presente contrato es la exclusividad de EL AGENTE INMOBILIARIO para la venta del inmueble propiedad de EL PROPIETARIO.

PLAZO DEL CONTRATO

El plazo de vigencia de este contrato será de _____ (meses o años), contados a partir de la fecha de su firma.

OBLIGACIONES DEL PROPIETARIO

3.1 EL PROPIETARIO se compromete a no ofrecer la propiedad objeto de este contrato a terceros durante el plazo de exclusividad.

3.2 EL PROPIETARIO se compromete a proporcionar a EL AGENTE INMOBILIARIO toda la información necesaria para la promoción y venta del inmueble, así como a permitir su acceso para realizar visitas y publicitar la propiedad.

OBLIGACIONES DEL AGENTE INMOBILIARIO

4.1 EL AGENTE INMOBILIARIO se compromete a realizar todos los esfuerzos necesarios para la venta de la propiedad objeto de este contrato durante el plazo de exclusividad.

4.2 EL AGENTE INMOBILIARIO se compromete a mantener informado a EL PROPIETARIO sobre el proceso de promoción y venta de la propiedad, proporcionándole un informe periódico sobre las acciones realizadas y los resultados obtenidos.

RETRIBUCIÓN DEL AGENTE INMOBILIARIO

La retribución de EL AGENTE INMOBILIARIO por sus servicios de intermediación en la venta de la propiedad objeto de este contrato será del _____% (porcentaje acordado entre las partes) del valor de venta final de la propiedad. Esta comisión se pagará una vez que se haya concretado la venta de la propiedad y se haya firmado el correspondiente contrato de compraventa.

RESOLUCIÓN DEL CONTRATO

El presente contrato podrá ser resuelto por mutuo acuerdo de las partes o por incumplimiento de las obligaciones asumidas por cualquiera de las partes. En caso de resolución por incumplimiento, se aplicarán las indemnizaciones previstas por la ley.

LEY APLICABLE Y JURISDICCIÓN COMPETENTE

Las partes acuerdan que para cualquier controversia que pudiera surgir en la interpretación o cumplimiento del presente contrato, se someterán a los tribunales de _____ (ciudad o estado donde se encuentra la propiedad), renunciando a cualquier otra jurisdicción que pudiera corresponderles y que no se hubiera especificado en este contrato.

En cuanto a la ley aplicable, se regirá por las leyes del estado o ciudad donde se encuentre la propiedad.

El presente contrato de exclusividad de venta de propiedad se firma en dos ejemplares, uno para cada parte, en la ciudad de _____ (ciudad donde se firma el contrato), a los _____ días del mes de _____ del año _____.

(Vendedor) (Agente inmobiliario)

Es importante tener en cuenta que este es solo un ejemplo y que los detalles específicos del contrato pueden variar según las necesidades y preferencias de las partes involucradas. Es recomendable contar con el asesoramiento de un abogado especializado en bienes raíces para la elaboración y revisión de cualquier contrato de este tipo.

Una vez que has conseguido una propiedad para vender, lo siguiente es prepararla para el mercado. Esto significa que debes realizar algunas tareas clave para hacer que la propiedad sea más atractiva para los compradores potenciales y aumentar tus posibilidades de venderla rápidamente y al mejor precio posible. A continuación, te presento algunos pasos que debes seguir:

Haz una evaluación de la propiedad: Antes de poner la propiedad en venta, debes hacer una evaluación cuidadosa de la misma. Esto puede incluir una inspección detallada para detectar posibles problemas y reparaciones necesarias. También puedes investigar la zona donde se encuentra la propiedad para conocer el valor promedio de las viviendas en el área y así tener una idea del precio de venta que podrías establecer.

Haz mejoras en la propiedad: Si has identificado problemas o áreas que necesitan mejoras, es importante que los atiendas antes de poner la propiedad en venta. También puedes considerar hacer algunas mejoras cosméticas que aumenten el atractivo de la propiedad. Por ejemplo, puedes pintar las paredes con colores neutros y modernos, cambiar las cortinas o agregar algunos elementos decorativos.

Establece un precio competitivo:

El precio de venta es un factor importante para vender una propiedad. Debes asegurarte de que el precio que estableces sea competitivo y atractivo para los compradores potenciales. Puedes realizar una investigación de mercado para conocer los precios promedio de las propiedades similares en la zona.

Crea una estrategia de marketing: Una vez que hayas preparado la propiedad para el mercado, debes crear una estrategia de marketing efectiva para promocionarla y atraer a los compradores potenciales. Puedes publicar anuncios en sitios web de bienes raíces, redes sociales, periódicos locales, entre otros. También puedes hacer uso de fotografías y videos de alta calidad para destacar los aspectos más atractivos de la propiedad.

Programa visitas y muestras de la propiedad: Cuando comiences a recibir solicitudes de información o interesados en la propiedad, debes programar visitas y muestras de la misma. Asegúrate de tener la propiedad lista para recibir visitas y de mostrarla de manera atractiva. Si es posible, puedes incluso considerar ofrecer algunos incentivos para los compradores potenciales, como muestras de la propiedad fuera de horarios regulares.

Recuerda que vender una propiedad puede ser un proceso largo y complicado, pero si sigues estos pasos y trabajas con perseverancia, podrás tener éxito en la venta y atraer nuevos clientes. ¡Ánimo y adelante!

Lo primero que debes hacer para conseguir clientes es tener una estrategia clara de marketing y ventas. Aquí te proporciono algunos pasos que puedes seguir:

Identifica a tu público objetivo: Antes de hacer cualquier tipo de marketing, debes tener claro quiénes son tus posibles clientes. Investiga el mercado y determina las necesidades de tu público objetivo.

Crea una marca fuerte: Tu marca debe ser reconocible y diferenciarse de tus competidores. Crea un logo, un eslogan y una imagen corporativa que refleje los valores de tu empresa y que conecte con tu público objetivo.

Crea una página web: Una página web es una herramienta esencial para cualquier empresa hoy en día. Asegúrate de que sea fácil de navegar, que tenga una buena estructura y que contenga información relevante sobre tus servicios.

Crea contenido relevante: Genera contenido relevante para tu público objetivo y compártelo en tus redes sociales y en tu sitio web. Esto te ayudará a crear una comunidad y a establecerte como un experto en el mercado.

Utiliza las redes sociales: Las redes sociales son una herramienta importante para llegar a tu público objetivo. Crea perfiles en las redes sociales que tu público objetivo utiliza y comparte contenido interesante y relevante para ellos.

Participa en eventos del sector: Asiste a eventos del sector inmobiliario para establecer contactos y darte a conocer en el mercado.

Solicita referidos: Una vez que hayas realizado una venta exitosa, solicita referidos de tus clientes. Pídeles que te recomienden con amigos, familiares y colegas que puedan estar interesados en tus servicios.

Recuerda que la clave para conseguir clientes es establecer una estrategia clara de marketing y ventas, y mantener una comunicación constante y efectiva con tus posibles clientes.

Agendar citas puede ser un proceso sencillo y organizado si se sigue una serie de pasos.

Selecciona una herramienta para agendar citas: Puedes utilizar herramientas como Google Calendar, Calendly o Acuity Scheduling, entre otras, para facilitar el proceso de agendar citas.

Determine sus horarios disponibles: Antes de comenzar a agendar citas, es importante que definas tus horarios de disponibilidad. De esta manera, podrás ofrecer opciones claras y precisas a las personas que deseen agendar una cita contigo.

Comunica tu disponibilidad: Ya sea a través de un correo electrónico, una llamada telefónica o un formulario en línea, comunica a tus clientes o posibles clientes los horarios disponibles para agendar una cita.

Confirma la cita: Es importante que confirmes la cita con el cliente o posible cliente para asegurarte de que ambos están en la misma página con respecto al día, hora y lugar de la cita.

Agrega recordatorios: Envía un recordatorio al cliente o posible cliente unos días antes de la cita para asegurarte de que la cita esté confirmada y que la persona esté disponible.

Recuerda que mantener una buena comunicación y ser organizado son las claves para agendar citas efectivamente y evitar malentendidos o confusiones.

Para mostrar una propiedad de manera profesional y enamorar al cliente

Preparación previa: Antes de mostrar la propiedad al cliente, asegúrate de que esté en las mejores condiciones posibles. Realiza una limpieza profunda, organiza y decora los espacios de manera atractiva. También es importante verificar que todos los servicios (agua, electricidad, gas, etc.) estén funcionando correctamente.

Presentación personal: Para causar una buena impresión en el cliente, es importante que te presentes de manera profesional y cordial. Viste de manera adecuada y asegúrate de tener una actitud amable y dispuesta a responder cualquier pregunta.

Recorrido por la propiedad: A medida que recorres la propiedad con el cliente, muéstrale cada espacio de manera detallada, destacando las características más importantes de la propiedad, como la iluminación natural, los acabados de alta calidad, la ubicación privilegiada, etc.

Destaca los beneficios: Es importante que muestres los beneficios de la propiedad de manera clara y concisa, resaltando cómo esta propiedad puede satisfacer las necesidades del cliente y mejorar su calidad de vida.

Responde preguntas y objeciones: Es común que los clientes tengan preguntas o objeciones durante el recorrido de la propiedad. Es importante estar preparado para responder con información precisa y objetiva, y siempre manteniendo una actitud profesional y amable.

Cierre de la visita: Al final del recorrido, es importante hacer una recapitulación de los beneficios de la propiedad y asegurarte de que el cliente tenga toda la información necesaria para tomar una decisión informada. Pregunta si hay alguna otra pregunta o duda y ofrece tu disponibilidad para atender cualquier necesidad adicional.

Después de mostrar la propiedad, lo siguiente es seguir en contacto con el cliente y responder cualquier pregunta que puedan tener. Es importante brindar información clara y honesta sobre la propiedad, y estar disponible para responder cualquier duda o preocupación que pueda tener el cliente.

Si el cliente muestra interés en la propiedad, es importante estar preparado para hacer una presentación más detallada y proporcionar información adicional sobre la propiedad. Esto puede incluir detalles sobre la estructura, características y beneficios de la propiedad, así como información sobre los precios y las condiciones de venta.

Además, es importante mantener una comunicación clara y constante con el cliente durante todo el proceso de venta. Esto incluye proporcionar actualizaciones regulares sobre el estado de la propiedad y responder rápidamente a cualquier consulta o inquietud que pueda tener el cliente.

Una vez que se llega a un acuerdo de venta con el cliente, se procede a la firma del contrato de compraventa y a la entrega de la propiedad al comprador. En este momento, es importante asegurarse de que todas las condiciones de venta se cumplan de manera adecuada y que se realice la transferencia de propiedad de forma correcta.

Para cerrar la venta de una propiedad de manera profesional

Mantener una comunicación constante con el cliente: Es esencial mantener una comunicación fluida con el cliente para saber sus necesidades y expectativas. Escuchar sus preguntas, dudas y opiniones de manera atenta y respetuosa.

Mostrar la propiedad de manera efectiva: La forma en que se muestra la propiedad es clave para generar interés en el cliente. Es importante preparar la propiedad antes de cada visita, limpiar y ordenar los espacios, y crear un ambiente acogedor. Se debe destacar los aspectos más atractivos de la propiedad, como la vista, la iluminación, los acabados, entre otros.

Ser honesto y transparente: Es importante ser sincero sobre los aspectos positivos y negativos de la propiedad. Los clientes aprecian la honestidad y pueden sentirse más seguros al tomar una decisión.

Resolver las dudas e inquietudes del cliente: Durante el proceso de venta, el cliente puede tener preguntas o inquietudes. Es importante estar preparado para responderlas de manera clara y concisa, y brindar la información necesaria para que el cliente se sienta seguro de tomar una decisión.

Presentar opciones de financiamiento: Si el cliente requiere financiamiento, se deben presentar las opciones disponibles y ayudar a gestionar los trámites necesarios para obtener un crédito hipotecario.

Negociar de manera efectiva: En caso de que el cliente presente una oferta, es importante negociar de manera efectiva para llegar a un acuerdo satisfactorio para ambas partes.

Cerrar la venta: Una vez que se ha llegado a un acuerdo, se debe proceder a redactar la solicitud de compra y el contrato de compraventa y asegurarse de que todas las condiciones acordadas se encuentren detalladas en el mismo. Posteriormente, se debe proceder a realizar el pago y firmar el contrato para concretar la venta.

Existen diversas técnicas de cierre que pueden aplicarse en la venta de una casa. Algunas de ellas son:

Técnica de la alternativa: esta técnica consiste en presentarle al cliente dos opciones de cierre para que elija entre ellas. Por ejemplo, se podría decir: "Bueno, ¿le gustaría pagar el apartado de la casa en una o en dos exhibiciones?"

Técnica del compromiso: esta técnica consiste en hacer que el cliente se comprometa a realizar una acción específica que lo lleve a cerrar la venta. Por ejemplo, se podría decir: "¿Le parece si tramitamos una pre autorización bancaria para continuar con el proceso?"

Técnica de la escasez: esta técnica se basa en la idea de que el cliente siente la necesidad de actuar rápidamente para no perder una oportunidad única. Por ejemplo, se podría decir: "Le recomiendo que aparte lo antes posible, ya que la propiedad ha despertado el interés de otros compradores y podría perderla si espera demasiado".

Técnica de la empatía: esta técnica consiste en ponerse en los zapatos del cliente y entender sus necesidades y deseos. Por ejemplo, se podría decir: "Entiendo que busca una propiedad segura y confortable para su familia, y estoy seguro de que esta casa es perfecta para usted. ¿Qué le parece si nos sentamos a hablar sobre cómo podríamos hacer que esto sea una realidad para usted y su familia?"

Técnica de la oferta irresistible: esta técnica consiste en presentarle al cliente una oferta que es difícil de rechazar. Por ejemplo, se podría decir: "Si aparta antes de la próxima semana, le ofrecemos un descuento del 5% sobre el precio de la propiedad, ¿le parece interesante esta oferta?"

¡Felicitaciones! Has logrado que el cliente te dé un apartado, lo que significa que está interesado en comprar la propiedad que tienes en venta. Ahora, es momento de llevarlo de la mano hasta la firma del contrato de compraventa.

El primer paso es asegurarte de que el comprador tenga todos los documentos y requisitos necesarios para la compra, como el enganche, su identificación oficial y comprobante de ingresos. Si no los tiene, es importante que se los solicites para avanzar con el proceso.

Una vez que el comprador tenga todo lo necesario, es momento de programar una cita para firmar el contrato de compraventa. Antes de la reunión, es importante que repases los términos y condiciones del contrato con el comprador para que ambos estén en la misma página.

Durante la reunión de firma del contrato, asegúrate de que el comprador entienda todo lo que se está firmando y resuelve todas sus dudas. También es importante que le expliques los compromisos que está adquiriendo al comprar la propiedad y las consecuencias en caso de incumplimiento.

Una vez que el comprador esté completamente satisfecho y seguro de su decisión, procede a la firma del contrato. Es recomendable que tengas una copia del contrato firmado por ambas partes para evitar malentendidos futuros.

Finalmente, asegúrate de que se cumplan todos los términos y condiciones del contrato, como los pagos y plazos acordados. Con esto, habrás logrado cerrar la venta de manera profesional y satisfactoria para ambas partes.

Después de la firma del contrato de compraventa, hay varios pasos importantes que deben llevarse a cabo antes de llegar a la firma de las escrituras.

Lo primero que se debe hacer es coordinar con el comprador la revisión de la documentación necesaria para la escrituración. Esto incluye la obtención de certificados de libertad de gravamen, certificados de no adeudo de agua, luz y predial, así como la realización de avalúos y estudios de títulos, dependiendo de la regulación de cada estado.

En este proceso es importante mantener una comunicación clara y fluida con el comprador, manteniéndolo informado sobre el progreso y cualquier problema o retraso que pueda surgir.

Una vez que se tienen todos los documentos y se ha realizado la revisión, se programa la fecha y hora para la firma de las escrituras ante el notario público. El notario es el encargado de validar legalmente la transferencia de la propiedad, asegurando que el vendedor tenga el derecho a vender la propiedad y que el comprador tenga la capacidad financiera para adquirirla.

En la firma de escrituras, es importante que tanto el vendedor como el comprador estén presentes, y que tengan sus documentos de identificación oficiales a la mano. El notario leerá el contenido de las escrituras y explicará los términos y condiciones que se están estableciendo en el documento. Si todo está en orden, el notario procederá a la firma por parte de ambas partes y las escrituras quedarán legalmente registradas.

Una vez concluida la firma de escrituras, se procede a realizar el pago del remanente del precio de venta acordado y se entrega la posesión de la propiedad al comprador. Es importante asegurarse de que el comprador esté satisfecho con la propiedad antes de entregar la posesión, y ofrecer cualquier apoyo adicional que pueda necesitar para realizar la transición.

En resumen, el proceso entre la firma del contrato de compra venta y la firma de escrituras implica una serie de pasos importantes que deben realizarse con cuidado y profesionalismo. Mantener una comunicación clara y mantener a ambas partes informadas es clave para asegurar que la transferencia de propiedad se lleve a cabo sin problemas.

¡Felicidades! Has logrado pasar de la firma del contrato de compraventa al siguiente nivel: la firma de escrituras. Este es un momento emocionante en el proceso de venta de una propiedad, ya que significa que el comprador está un paso más cerca de convertirse en el propietario legal de la propiedad.

La firma de escrituras se realiza en la notaría, y es una ceremonia formal que implica la presencia de ambas partes (comprador y vendedor), así como de un notario público. Antes de la firma, el notario revisará cuidadosamente los documentos de la propiedad, como los títulos de propiedad y las escrituras, para asegurarse de que todo esté en orden.

Durante la firma de las escrituras, el notario explicará detalladamente cada uno de los términos y condiciones del documento, y responderá cualquier pregunta que el comprador o vendedor puedan tener. Una vez que todas las partes estén satisfechas con el contenido de las escrituras, procederán a firmar el documento.

Es importante tener en cuenta que la firma de escrituras también implica el pago final del precio de compra acordado. El comprador deberá presentar un cheque certificado o transferencia bancaria que cubra el saldo restante del precio de compra. Una vez que se confirme el pago, se procederá a la entrega de las llaves y de la posesión efectiva de la propiedad al comprador.

Después de la firma de las escrituras, el notario enviará una copia del documento al Registro Público de la Propiedad, donde se actualizará el registro de propiedad a nombre del nuevo propietario. También se entregarán copias de las escrituras al comprador y al vendedor como comprobante de la transacción.

CONCLUSIÓN

Ayudar a las personas a conseguir su propio hogar es una de las tareas más gratificantes que puede haber en la vida. No hay nada que se compare con el sentimiento de ver a alguien feliz y emocionado de tener su propio patrimonio. Sin embargo, no es un trabajo fácil, y requiere mucho esfuerzo y constancia para lograr el éxito.

En el mundo de los bienes raíces, la perseverancia es clave. Es importante entender que la venta de propiedades no sucede de la noche a la mañana. A menudo, se requiere de mucho tiempo y trabajo para encontrar al comprador adecuado para una propiedad específica. Pero no hay nada más satisfactorio que ver los frutos del trabajo duro y la dedicación.

Para tener éxito en este campo, es importante seguir los pasos adecuados. Desde el primer contacto con el cliente, hasta la entrega de las llaves, cada paso es crucial y debe ser manejado con profesionalismo. La repetición de estos pasos una y otra vez es lo que llevará al éxito.

Cada cliente es único y tiene necesidades y deseos específicos en cuanto a su hogar. Es nuestro trabajo escuchar y entender esas necesidades para poder encontrar la propiedad perfecta que se adapte a ellos. Cada venta es una oportunidad para aprender y mejorar, y para ayudar a las personas a encontrar su hogar ideal.

Ser un agente de bienes raíces exitoso es un trabajo arduo, pero muy gratificante. El éxito en este campo se logra a través de la perseverancia, el trabajo duro y la dedicación a brindar el mejor servicio posible a nuestros clientes. Y al final del día, la satisfacción de ayudar a alguien a encontrar su propio hogar es lo que hace que todo el trabajo valga la pena.

www.ingramcontent.com/pod-product-compliance
Lightning Source LLC
Chambersburg PA
CBHW071140220526
45467CB00015B/1624